Mambrú
no fue a la guerra

Mambrú
no fue a la guerra

Joaquín Fernández Angulo

Fotografías de Álex Zapico

MARCIANO
SONORO
prima
veras

Poéticasdeldesencuentro
COLECCIÓN

Colección Poéticas del desencuentro, nº 20

© **Joaquín Fernández Angulo,** 2025

© Fotos de cubierta e interior: **Álex Zapico,** 2025

© De la presente edición: (**Marciano Sonoro Ediciones**)
Jesús Palmero, 2025
San Román de la Vega (León)
www.marcianosonoro.com

Diseño de la colección y maquetación: MSE

Correcciones: Laura Calvo

Impresión: Safekat SL

El papel con el que está impreso este libro procede de bosques gestionados de manera responsable y está certificado por Forest Stewardship Council.

ISBN: 978-84-129334-9-9
Depósito Legal: LE 55-2025

Aunque los dos sexos compartan en menor o mayor medida muchos instintos, combatir ha sido desde siempre un hábito del hombre, no de la mujer. Más allá de que esta diferencia sea innata o adquirida, las leyes y las costumbres la han acentuado. Rara vez en el curso de la historia un humano cayó ante el rifle de una mujer; la vasta mayoría de las aves y de las bestias han sido liquidadas por ustedes, no por nosotras; y es difícil emitir un juicio sobre lo que no compartimos.

VIRGINIA WOOLF
Tres guineas

EL LIBRO DE LAS REVELACIONES

Y salió otro caballo. Era de color rojo.
Al que lo montaba se le concedió el poder para desterrar
[la paz del mundo
y hacer que los hombres se degollaran unos a otros,
y así se le dio un gran sable.

Resultó ser Narciso
saliendo de un despacho hortera
para mirarse en un charco de sangre.

MEMENTO HOMO

¿Qué hay más humano
que un hombre atando a otro hombre
las manos
y disparando en la nuca sobre sus días venideros?

QUÉ DOLOR, QUÉ DOLOR, QUÉ PENA

Mambrú
no fue a la guerra.
Se la trajeron.
Madrid.
Babi Yar.
Nagasaki.
Sarajevo.
Kiev.
He aquí la heroica modernidad
frente a los clásicos griegos.

DOBLE VISIÓN (I)

Una niña muere
y nadie la ha pensado.

Una niña muere
y su padre ya solo tiene las cenizas de ambas vidas.

Así de ajena o de propia
es una guerra.
[…]
Pero ¿y si pensar de verdad
en alguien
fuera el rotor creacionista para que tuviera sus días?

Entonces haríamos
lo que estamos haciendo.
Escondernos de nosotros mismos
en la rutina.

DOBLE VISIÓN (II)

¿Cómo pueden estar pendientes
de un partido o pasear
por la playa
mientras morimos?

Ni eso alcanza a preguntarse una madre en una morgue,
acariciando únicamente el plástico
que cubre al hijo que no habla,
sola,
como triste telón que cae ya para siempre
sobre la escena del crimen.

El público no aplaude, pero ni llora ni salta al escenario.
¿No deberíamos atravesar el proscenio e intervenir en
[semejante obra?

BRUJERÍA

Qué podemos esperar de la guerra
si escapa a la ciencia,
incapaz, con la razón dormida,
de explicarla.

La ira satisface
más que la avaricia, la gula, la lujuria o la pereza.
Alguien habla del día cuarenta y ocho de la invasión,
                    [justo el tiempo que hace
que ya no hay días.
Veo heridas abiertas sin sangre,
muertos en vida,
padres sin hijos buscando su estado
en el diccionario,
casas que agonizan,
criaturas mamando unas gotas
de pena
durante noches sucesivas
que son también sus días.

¡Ay, si de niño me hubieran dicho
que los monstruos
de debajo de la cama
existían!
Hasta oírme hoy,
para advertirme,
gritaría.

LEVANTANDO ACTA Y UN CADÁVER

El hecho es ajeno a su percepción.
Quienes bombardean no tienen vida
suficiente para conocer
las consecuencias de sus acciones.
¿Se desintegrarían?

SE CIERRA EL CÍRCULO

¿Cuál es el radio que abarcan nuestros sentidos?
¿Acaso ver en pantallas
es no ver?

Puede que el mundo entonces sea
ocho mil millones
de centros de circunferencias de Apolonio
y toda la literatura,
la mezquina matemática de la intersección
de conjuntos
siempre próximos.

LECCIONES INNECESARIAS

Todos los días se aprende
aquello que, expulsados de nosotros mismos,
ya no es necesario.

Todas las mañanas son la última,
convertidas en sala de espera.

¡Oh, tiempo suspendido
mientras abandonamos
o no
el mundo de los vivos!

TRISTES RAZONES

El placer irrevocable de dañar
busca cualquier bandera
para librar a esas larvas inmaduras de su cruel
[excitación.
Quizá su existencia de gusanos ciegos se les ha hecho
[aburrida
y necesitan entretenerse unos minutos,
con movimientos peristálticos,
sobre la existencia completa
—quiero decir presente y futura—
de otras personas.
¡Oh, vida que vivirían las víctimas,
pero que empujan en su modo condicional
mucho más allá
de mí,
de ti
o de esta poesía!

RELOJES ATÓMICOS

Este es el hecho.
La intensidad del terror ha dilatado el tiempo desde
[dentro.
Sus vidas seguirán sin vivirse ya nunca y, por tanto,
[siempre.
Es el instante del nacimiento de un agujero
de gusano
al hacerse cierta una de las posibilidades.
Tres minutos de excitación, risas, poder e impunidad
durante una tarde de instintos tan bajos
como ese sótano
acabaron para ellos en sí mismos.
Y sin embargo…

LO DEMÁS SOBRA

No salen los demonios
por las bocacalles
a disparar sobre tu persona.

Salen de ti,
que ya estás deseando,
mientras aprietas los dientes hasta rompértelos,
matar, matar, matar.
Lo demás sobra.

A SANGRE Y FUEGO

Hacer nada era vivir
y la guerra es un estado excitado
para conseguir aquello que era un presupuesto
¡desconocido!
de vida:
cama, comida, agua,
ni siquiera ya
besar una mejilla.

MIEDO

Sobre las baldosas y el asfalto
hay arrojados
cadáveres vestidos para el resto del día.
Parecen la obra de un todopoderoso,
pero solo son el reflejo
de unos soldados conscriptos
y de su miedo.

Afirmando que los crímenes más graves de trascendencia
para la comunidad internacional en su conjunto no de-
ben quedar sin castigo y que, a tal fin, hay que adoptar
medidas en el plano nacional e intensificar la cooperación
internacional para asegurar que sean efectivamente some-
tidos a la acción de la justicia.

ESTATUTO DE ROMA DE LA CORTE PENAL INTERNACIONAL

RAZÓN PURA

Viendo el verbo hecho carne
quemada
en este sueño de terror
inimaginado,
abjuro de toda espiritualidad
y me quedo con la razón
despierta,
imaginable,
de los derechos humanos
a la luz
y los taquígrafos
de cortes internacionales.

LO MEJOR DE NOSOTROS MISMOS

Voy empequeñeciendo
como el avión que ha soltado su carga
lejana
sobre los tejados,
porque *increíblemente* su explosión me alegra.
Si cae sobre otros,
a mí no me ha dado.

DIÁLOGO CROMADO

¿Cómo voy a dialogar con el brocal
de un cañón?
Tan solo cumple su trayectoria de acuerdo con la
                                        [gravedad
—que es mucha— y el aire.

Ni siquiera se alegra por la sangre,
tampoco se entristece si le digo cómo y cuánto la quería.
Su mecanismo no es modificable
porque mi parábola no es la suya.

Nada espero.

Lo preocupante es no poderle hablar
porque se forja
con su hierro,
a golpes,
al artillero.

SMALL DATA

Una matrícula,
tu maleta,
la camisa a cuadros y las zapatillas
Nike (Victoria),
tu número móvil, que ya no responde
aunque da señal,
la cartera con unas notas
de cosas por hacer
—¡la vida entera!—
a una hora y un día,
definitivamente establecidos
por una granada única.

Todos estos objetos
han sido desposeídos
de ti.

¡Oh, huérfanos materiales
de tu humanidad, que se ha perdido!
¿Qué han sido,
qué son
junto a tu cadáver?

No lo saben,
pero, sin ser otros,
no son los mismos.

DRONES

Se lanzan desde plataformas que emplean un sistema de cohetes para impulsarlos en las primeras fases de vuelo. En el extremo delantero llevan una ojiva explosiva y el sistema de guiado funciona a través de un sensor óptico.

Pero lo que realmente te deja
con la boca abierta
es que una niña,
en su única vida conocida
y posible,
haya perdido sus dos piernas.

PASEO POR LA MUERTE

Las bicicletas han dejado de tener dueños.
Una vaca sin ojos enseña impúdica los costillares
por dentro.
El aire no transmite música,
lo habitan mecanismos de hierro
y el cielo es entonces una puerta abierta al miedo.

Muchos vecinos son ya fracciones de lo que fueron.
Los edificios muestran su cotidianeidad
partida por dentro.
Hay cráteres desproporcionados
en el suelo y en los cuerpos.

Vamos pisando siempre sobre sagrado.

La cosecha este año
es de los jornaleros
que la sembraron y han vuelto a la tierra
convertidos en polvo.
Por eso el cereal se ha vuelto negro.

TENDER LA MANO

Era una mano.
Y a 860 kilómetros
alguien decidió carbonizarla.
Ni la conocía
ni la había estrechado.

No acariciará ya a su hija Ana
ni tecleará en un ordenador. Tampoco sujetará
una bolsa,
un bolígrafo,
un vaso
o nada,
ya sin sus días.

Queda el recuerdo de unas formas
únicas y muy acusadas,
dedos casi con nombres
que se desplegaban cada mañana.

Les quitó su vida.
También a Ana,
que no los sentiría.

UNA NIÑA GIMNASTA

Mi hija compite
sin su familia.
Doble frase mortal,
tan lejana del principio de plenitud compartida
en una casa.

Ella hace un «chinito»
volando entre ambas barras.

Si cayera, lo haría por dos precipicios a la vez:
el de la manzana de Newton
y uno aún más profundo de la soledad
en la que ya habita
porque mamá no está en las gradas.

CANSANCIO

Un único gólem
para todas las víctimas.

Sí, es la misma sangre
y la misma herida
con distintos nombres.

Desde la Gran Dolina a Mariúpol
y en todas partes.
No te quedes con el año ni el lugar.
Siempre es el hombre.

TIEMPO DE SILENCIO (NN)

Cogerán los trozos
    —un hueso, una frase, un orificio,
    sus antiguas profesiones
    o datos al azar—
para intentar hablar de ellos
o documentar esta irrupción delirante.
Pero los hechos
y su imposible memoria
cierta
ya nunca abandonarán su condición
de inenarrables.

No.

Los números no pueden computar
las lágrimas o el miedo.

¿Qué guarismo es ya UN muerto
para su hijo?
¿Qué restan exactamente DOS ojos
menos?

Tiempo de silencio.

Ni aun todos los dolientes se hacen grito.
La tristeza no se hace sonido ni expresión.
Es la suspensión de las lágrimas formando una niebla

de masa, pegajosa,
que no deja ver que el camino
es un precipicio
por y para los hombres,
proveniente de un dolor mayor
que nunca rompe.

Solo puede convocarlo
ese silencio
porque la oquedad abierta
no tiene ni tendrá nombre.

EL ECLIPSE DE LA INFANCIA

—No podéis jugar.
—Hoy no se come.
—Nada de ir al parque.
—¡Vámonos todos al sótano!
—De momento no vais al colegio.
—¡Despertad, que es medianoche!

Reciben así los niños unas órdenes
muy contrarias a la OMS,
pero tampoco pueden
darle un beso a mamá
y eso perfora ya
sus órganos vitales.

No alcanzas a ver
que llevan sonda de gastrostomía para alimentarse
de lo que fue estar con ella,
de qué les diría o cómo los besaría.
Respiran así asistidos
por el aire
de la infancia perdida.

PIEDRA, PAPEL, TIJERAS

Cada mañana
orden gana a hombre,
metal gana a carne
y sirena gana a quehaceres.

Cada mañana
es la última
y la primera.
Ya nunca es una más porque la pierdes,
una, dos y tres,
al tuntún,
de cualquier manera.

TEJER HILOS TEMPORALES

Cada mañana había hilos temporales,
salir-trabajar-estudiar-volver-viajar-comer-comprar-dormir,
con unos pesos y medidas muy concretos,
manejables como solo la realidad consigue
habitualmente,
que coincidían por la noche en el salón.

De pronto un papel de alguien declara algo como quien declara
el porcentaje de un impuesto.
—¡La guerra!
Y el material del tiempo libera una energía
violenta y repentina.

Ahí esos hilvanes se cortan y se marchan
en ondas gravitacionales
que se intensifican para hacerse gurruños, por ejemplo,
dentro de un autobús sin vuelta,
bajo la tierra
o envueltos en barro.
Ya no se comparten
mientras la casa,
que de hecho ha sido asesinada,
se muestra al mundo
sin paredes, desvencijado
ese salón
que albergó tantos tejidos vivos.

¿Cómo se atreven a informar que no ha habido daños personales?

MAPAS

Hay lugares,
por eso no están en los mapas,
de los que no se regresa
ni se explican con palabras.
Desde ellos
tu vida solo transcurre
en tu cabeza
porque es,
con la fuerza del presente,
lo que no iba a ser ni era.

RECETA

Cocemos la carne y los despojos de las tumbas
en tristeza.
Cortamos personas vivas
en juliana
y hervimos nonatos.

Se reserva.

En una sartén previamente calentada con propaganda,
[nacionalismo,
mitos y mentiras,
ponemos sangre frita y le echamos
lágrimas saladas.
Volteamos los restos reservados
y, sin dejar de remover,
esperamos a que ligue la salsa con palabras huecas,
pero no vanas.

Hay que servirlo frío en las conferencias internacionales
envueltas en banderas.
Lo verdaderamente civilizado
es que estén, como las sillas y las carpetas,
milimétricamente paralelas.

MUJER, VIDA, LIBERTAD

A veces
no miro la horca perpetua de los ulemas
ni sus envíos de drones,
solo pienso en sus ridículos turbantes
y en qué coño temen
para estar tan obsesionados
con machacar a las mujeres.

LA ESTACIÓN DE LAS ATROCIDADES

Próxima salida: Rivne.
Y un misil desalojó todos los cuerpos de la estación
de Kramatorsk
sin que dejaran de estar,
como un espanto esculpido
de figuras horizontales,
a la vez tan presentes y tan ausentes
sobre el andén.
Sus maletas, que trotaban coloridas y ruidosas
en su huida, ahora velan
a sus dueños.

¿Está llena o vacía la estación?
Nadie responderá.

Todo se ha parado, el cero son las 10:30 (UTC+3).
Ya no esperan
y vagan inmóviles, tumbados,
sin antes ni después,
sobre un tiempo extraño
que no ofrece resistencia a la gravedad.

Parecieran consecuencias
colaterales,
pero son
el objetivo doloso
para no dejar ningún sufrimiento al azar.

DERECHO

derecho, cha
Del lat. *directus.*

[…]

9. m. Facultad del ser humano para hacer ~~legítimamente~~
lo que conduce a los fines de su vida.

¿Con qué derecho bombardean a la población civil?

Con el derecho del que gozan —sí, gozan—
[quienes torturan cuerpos atados.
Con el derecho de quienes rompen los huesos
[a su bebé.
Con el derecho de la suela sobre una hormiga.
Con el derecho de los niños para cegar a un
[hámster.
Con el derecho de quien te golpea porque no
[te puedes defender.

Pero, tras tantas noches oscuras de tiranía,
solo un amanecer lo sería.
Aquel en que se juzgara
—¡nomos basileus!—
al que fabricó la idea,
al que la distribuyó
y a los que dispararon con ella.

DESORDEN EN LA NATURALEZA

Nace de una madre muerta un niño
en un bombardeo.
En algún instante
quedaron ambos detenidos
en un tiempo que no podía ser el presente,
ahora ya desplazado
por esa metralla que ha creado
este plano exclusivo
en el que no se conocen
dos seres que no han podido estar más unidos.

LA ZANJA

Del reloj
en su punto cero
todo es pasado.
El no tiempo de una zanja
bajo un péndulo recto,
abierta en el costado de la tierra
para albergar cuerpos
amontonados
e ignorantes de sí mismos,
ese día.

Precisamente
por ser ajeno,
me golpean sin mezclas, *purabrutalmente*,
sobre la verticalidad presente.

En el exterior, el péndulo se mueve.

Mide los afanes, el esfuerzo y la condensación de pena
[indicando que es por la mañana.

Se lanza el cadáver
de una niña,
entrelazadas las piernas
con una cinta
para que no bailen,
desde una manta.

¿Qué contiene la zanja sino el vacío
—con un zapato de hoy—
(ya eterno) de sus vidas?

LA VERDAD

Con el arma al hombro
el soldado arrojó sobre la mesa,
como sin huesos,
desvencijados,
los cuerpos de cuatro o cinco niños.
Los envolvió en periódicos y, al caer la tarde,
las manchas de esos periódicos dejaron entrever
sus titulares:
La operación militar especial ha sido un éxito.
Triunfa el alma de la patria
frente a los no nacionales.

Buscad ante todo acercaros al ideal de la razón práctica y a su justicia; el fin que os proponéis —la paz perpetua— se os dará por añadidura.

IMMANUEL KANT

LA PAZ PERPETUA DE KANT

Si entiendes
que yo no soy el cubo
donde ordeñar tu semen,
que yo no soy tu rato de placer
por disparar,
que yo no soy el dueño desposeído
de lo que quieres para ti
ni una misión ciega.
Si observas o comprendes
que me levanto con ganas de hacer cosas
y tomar el primer café,
que una idea me ronda para un poema,
que pienso mucho en mis hijas,
que me han recibido en este mundo con besos
que perduran y no respetas,
tal vez, solo tal vez, haya un modo
de alcanzar la paz perpetua,
aunque tu forma de ser
perturbe mi canon de belleza.

LA VIOLENCIA NO ES UNA TESIS

¿El problema de la violencia es de qué lado te sitúas?
¿Cómo resolverlo razonando?
Los que la ejercen tienen una percepción.
Los que la sufren han perdido los cinco sentidos para tenerla.

Acaso la solución
es que no siempre hay dos bandos,
sino nucas y disparos.

BARRA DE BAR

Dicen que sabes cómo empieza, pero no cómo termina.
Mentira.
La chispa puede ser un archiduque,
un crimen,
un incendio o unos cristales rotos.
No sabes cómo ni por qué.
¡Si se supiera!
Pero saber, sabemos en qué acaba.
En el no tiempo que ha sido
y en el no cuerpo que era.

CAMBIAN LOS NOMBRES

Las palabras convocan.
Pongamos en orden el diccionario.

Te levantas a la hora del hambre,
trabajas en sobrevivir
y tu ciudad no es ciudad,
sino cementerio,
como el metro ya no es el metro,
sino refugio antiaéreo.

Tu calle es el escenario
donde correr por tu propia vida
y todas caben en una bolsa de plástico.
Las habitaciones pueden no tener cuatro paredes
y la ropa que te vas a poner
ser un sudario.

Entre tanta confusión de significantes y nombres,
hallemos algunos significados
y empecemos por las mujeres,
las niñas, los niños y los hombres.

BATALLÓN DE LA RECONSTRUCCIÓN[1]

Un ejército inverso
rebobina la guerra.
El amasijo de hierro se hace tubo y el tubo, cañería.
Tenemos agua.
El hueco es ya una pared.
¡Ay, si siguiera este zapador de pesadillas y pudiera
besar a mi abuela!

---

1 Civiles ucranianos forman un batallón de voluntarios para reconstruir casas.

HOY ME HE ENCONTRADO CON UN CADÁVER CONOCIDO

Entonces esta es la máscara con la que vivimos,
que permanece —pues son tus rasgos—
cuando te has ido.

LA MATERIA

A veces *las cosas*
faltan con una ausencia tan afilada
que duele.
No hay abrigo,
mueres de frío,
no hay una cama,
o de sueño,
no hay comida,
o de hambre,
y ese hueco atroz
nos despoja de nuestra condición humana.

El animal entonces apenas tiene fuerzas
para comprender
que sin *las cosas*
su dolor no deja espacio
para pensar en quienes ama
y el daño es un terremoto
para el que no hay escala.

VISIÓN DEL OJO

Se nos escapa,
por los gritos,
la anciana sin su médico.

No alcanzamos a ver,
llamados por la sangre,
al niño abandonado que se pierde por el fondo.

El ojo enfoca a los cadáveres y no percibe
que no quedan medicinas.

Bajo una luz metálica y el humo,
no hay nitidez para distinguir enfermedades tumorales,
cuerpos faltos de sueño,
órganos mal alimentados
ni traumatismos que no sean
del cuerpo.

Decimos «guerra» y debemos
decir que esos huecos
matan sin dejar rastro.
Y son muertes nada naturales.

La eterna, ininterrumpida violencia, directa o enmascarada,
es la base del totalitarismo.

VASILI GROSSMAN

HISTORIA DE TERROR

Un niño que se ha quedado huérfano se para y llora.
Solo le sujeta su propia mochila con ruedas.
Luego se lo lleva, sin forzarle, una mano.

Ya está descrito.

Varios cuerpos parecen haberse dormido desperdigados
                              [en una acera de Makariv,
junto a una panadería.
¿Con eso basta?

Alguien harapiento sonríe y cree que, si se cuenta, no
                              [todo está perdido.

No, hay que seguir
porque un mismo aullido recorre las torres del Kremlin
desde El Terrible,
devorando, como un ejército de Saturnos,
siempre a sus propios hijos.

Cómo quisiera coger la mano
de Anna Ajmátova,
dar un paseo con ella
y decirle que desaprenda cuanto aprendió con la palabra
                              [de piedra

de aquella sentencia,
que haga memoria,
abra sus poros
y aprenda de nuevo a vivir con brío.

Cómo quisiera
poder decirle al niño que sus padres solo se habían
perdido.

EL MAYOR ESPECTÁCULO DEL MUNDO

Hay comportamientos que me cautivan
porque, formando parte del paisaje,
disparan sus puntos de interrogación
no sobre la obviedad,
sino sobre sus polvos y sus lodos.

No hay un solo ejército que no desfile y no adore el
brillo.
No hay un solo país sin bandera, colores que son la
enseña
de tal o cual nación, fijados ya de esa manera,
y todos quieren aplaudirlos, haciendo ruido con las
extremidades
como los grillos.

Estas tontunas, incluido el honor de esos militares,
me sorprenden más
que la mujer barbuda,
un equilibrista
o el lanzador de puñales.

No se trata de saber más, sino de entender mejor.

LO EXTRAÑO

Lo extraño no es el cadáver de una anciana
en el parque
o unos jóvenes tumbados sobre la carretera.
Tampoco la hambruna,
que nadie te cure,
los niños en manos ajenas
o bombardear poblaciones
como si fueran nadie.
Lo extraño es que el epicentro
de este seísmo
sea
el cumplido sueño de alguien.

HIMNOS

¿Qué puede haber más heroico
que tirotear una ambulancia?
Quizá violar niñas en un sótano,
cortar las falanges de las manos,
asesinar abuelas por la calle,
matar mujeres embarazadas en campo abierto
o bombardear civiles en un teatro.
Así se escriben las sublimes páginas de una nación:
¡Gloria a ti, nuestra patria libre,
eterna unión de pueblos hermanos!

SORPRESA

Nadie nunca
espera
morir en un incendio
o atropellado,
pero la muerte te sorprende
hasta entre crímenes de guerra.

Por eso a los extremistas,
a los odiadores
y a los hombrecitos que analiza
Wilhelm Reich[2]
no hay que tomárselos a la ligera.

---

2   ¡Escucha, pequeño hombrecito! Obra del psiquiatra Wilhelm Reich.

POSTAL DE BUCHA

Como ángeles que acaban de perder sus alas,
han caído los cuerpos
en horizontal
sin despedirse y sin día.
La tortuga con sus esperanzas de cada mañana
yace aplastada.
Extienden al fondo las suyas cientos de buitres,
obesos de su propia nada.

A Memorial, que promueve la democracia
perpetuando la memoria de las víctimas

EL MUNDO SERÁ REDONDO, PERO NO ES UNO

Una base de datos completa
tiene efectos tiranicidas.

El terror limita
con la información y consigo mismo.
Por eso físicamente enmudece, ensordece, ciega
y quiere forjar en yunques el pensamiento.

Por eso rompe siempre todos los espejos.

Nace en un papel como una idea
que quiere ser bella
y luego se hace celda, fosa, disparo, trabajo forzado,
                 [hambruna, frío, paredón, atentado,
mutilación, terror, cadáver, tortura, presos.

Deja entonces rastro
de quién, de cuándo, de cómo, de por qué y de dónde
y la luz de millones de víctimas
descubre al monstruo
disfrazado de hombre
bueno.

La ley trata de seres humanos en última instancia, al me-
nos debería tener a las personas en el centro; eso es lo que
hace que el derecho se asemeje a la literatura.

Victoria Amelina

AGUANTA UCRANIA[3]

¡Oh, escritora!
Hacer lo que se debe
con tu presencia
y con las palabras,
no lo que te conviene.

Eres ahora una voz sin cuerpo
a la que asoman las caras,
las manos
y los soñadores
para sentir tu viento.

El azar de una esquirla,
pero la determinación de lanzar un misil balístico
Iskander
sobre decenas de corderos.

Un bebé está envuelto en sangre.
Los móviles graban el humo
y hay cuerpos abiertos como páginas del libro
de la vileza
que estabas escribiendo.

---

3 Plataforma ciudadana latinoamericana contraria a la invasión.

Dom diría que la crueldad no huele
a nada, hielo puro.
Pero tú hueles jodidamente a compromiso.

—Me cojo a mí misma,
pido prestadas las palabras
a los niños
para izarlas,
me bajo en el puerto de la infamia
y las hago materia viva
contra la muerte.

Pero sangre.
Pero piel quemada.
Pero polvo.
Pero gasas con yodo.
Y un parte médico.

Tu voz nos empuja.
Pero tu voz nos duele.

CAMBIO DE DOMICILIO

En un ataúd de 603 550 kilómetros cuadrados,
habitan 87 580 000 ojos
que escudriñan diariamente,
por parejas,
los metales que lanzan
otros hombres
desde lejos
lanzados por otro hombre
mientras se hacía las uñas,
convocando a la muerte.
Se esconden
agazapados,
acunados en el pensamiento
del momento siguiente.
Solo cuenta cada instante.
Cada ojo ha recibido, mediante señales
eléctricas,
imágenes que asfixian,
con las que falta el aire.
Agáchate y escucha.
Desean resucitar, levantarse
y volver,
inevitablemente tristes,
a su calle,
donde soñar
entre hijos vivos
con otros sueños.
Los que se tienen cuando eres libre.

Deixemos o universo exterior e os outros homens onde a
natureza os pôs.

F. Pessoa

PAISAJE DESPUÉS DE LA BATALLA

Ya sin vida casi nadie,
las batallas, ¿qué son cuando dejan de ocurrir?

Restos al aire
tras el viento más feroz,
huesos sin su carne
y sueños fosilizados,
plantas
y animales de piedra.
Carbón.

Las amapolas,
los árboles,
los rebollones
crecen compuestos de ponzoña
en más de un ciento veinte por ciento
(a ojo de buen cadáver),
pues aun lo que no ha crecido
lo hará fuera de su tamaño
y extraño a su propio color.

ÍNDICE

El libro de las revelaciones 07

Memento homo 08

Qué dolor, qué dolor, qué pena 09

Doble visión (I) 10

Doble visión (II) 11

Brujería 12

Levantando acta y un cadáver 13

Se cierra el círculo 14

Lecciones innecesarias 15

Tristes razones 16

Relojes atómicos 17

Lo demás sobra 19

A sangre y fuego 20

Miedo 21

Razón pura 22

Lo mejor de nosotros mismos 23

Diálogo cromado 25

Small data 26

Drones 27

Paseo por la muerte 28

Tender la mano 29

Una niña gimnasta 30

Cansancio 31

Tiempo de silencio (NN) 32

Eclipse de la infancia 34

Piedra, papel, tijeras 35

Tejer hilos temporales 37

Mapas 38

Receta 39

Mujer, vida, libertad 40

La estación de las atrocidades 41

Derecho 42

Desorden en la naturaleza 43

La zanja 44

La verdad 46

La paz perpetua de Kant 47

La violencia no es una tesis 48

Barra de bar 49

Cambian los nombres 51

Batallón de la reconstrucción 52

Hoy me he encontrado con un cadáver conocido .. 53

La materia 54

Visión del ojo 55

Historia de terror 56

El mayor espectáculo del mundo 58

Lo extraño 59

Himnos 60

Sorpresa 61

Postal de Bucha 62

El mundo será redondo, pero no es uno 63

Aguanta Ucrania 64

Cambio de domicilio 67

Paisaje después de la batalla 68

Esta primera edición de
MAMBRÚ NO FUE A LA GUERRA
de Joaquín Fernández de Angulo
se terminó de imprimir
el 28 de marzo de 2025,
83 años después de la muerte
del poeta Miguel Hernández,
estando al cuidado de la misma
Pimentel & Palmero.